Collection FREUD EN POCHE

SIGMUND FREUD

De la sexualité féminine

Texte intégral (1931)

ÉDITIONS IN PRESS
127, rue Jeanne d'Arc - 75013 Paris
Tél. : 01 43 35 40 32
E-mail : inline75@aol.com

www.inpress.fr

Collection « Freud en poche »
dirigée par Jacquy Chemouni et Hélène Francoual.

DE LA SEXUALITÉ FÉMININE, SIGMUND FREUD.
ISBN 978-2-84835-390-6

Conception couverture : Elise Ducamp Collin
Mise en pages : Elise Ducamp Collin

SIGMUND FREUD

De la sexualité féminine

Texte intégral (1931)

Traduction inédite par **Hélène Francoual**

Introduction par **Nadine Proia-Lelouey**

Présenté et commenté par : Nadine Proia-Lelouey, professeur de psychologie clinique et de psychopathologie à l'université de Caen Normandie, Directrice du Laboratoire de Psychologie Caen Normandie, auteur de *L'entretien en psychologie clinique*, 2e éd., In Press, 2012 ; *De la sexualité féminine*, In Press, 2014.

Traduction par : Hélène Francoual, traductrice, Doctorat en Études germaniques à l'Université de Rouen, Littérature et civilisation des pays de langue germanique et slave. Spécialiste de Thomas Bernhard sur lequel elle a publié plusieurs articles et notamment rédigé la partie « Vie et œuvre » du volume de la collection *Quarto* (Gallimard).

Collection dirigée par : Jacquy Chemouni, professeur de psychopathologie et de psychologie clinique à l'Université de Caen, directeur de collection aux Éditions In Press, auteur de nombreux ouvrages parmi lesquels : *Trotsky et la psychanalyse*, In Press, 2004 ; *Psychosomatique de l'enfant et de l'adulte*, In Press, 2010 ; *La psychanalyse captive du politique*, Beauchesne, 2010.

Sommaire

Introduction

Nadine Proia-Lelouey

Tout au long de son œuvre, Freud va traiter de la question du développement psychosexuel de l'enfant soit dans des textes spécifiquement consacrés à cette question soit de façon liminaire dans d'autres. Il évoquera cette question dès l'*Interprétation des rêves* (1900) avec les premières références aux amours œdipiennes et à la sexualité infantile jusque dans son tout dernier texte : *L'abrégé de psychanalyse* (1940) où il réaffirme la différence entre fille et garçon au regard des complexes de castration et d'Œdipe.

Les conceptions de Freud sont totalement novatrices à l'époque puisqu'il va mettre en avant l'idée selon laquelle la sexualité humaine est diphasique. Un première phase, qualifiée de sexualité infantile, va être marquée par l'immaturité physiologique et les choix d'objets incestueux. Elle nécessitera un renoncement à ces premiers objets et une mise en latence jusqu'à la seconde phase qui adviendra avec la maturité pubertaire et l'adolescence.

De la sexualité féminine (1931[1]) s'inscrit dans la série des textes spécifiquement consacrés au développement psychosexuel de l'enfant. Deux textes antérieurs *L'organisation génitale infantile* (1923) et *La disparition du complexe d'Œdipe* (1924) ont fixé les bases de la psycho-sexualité du garçon : il sort du complexe d'Œdipe par le complexe de castration grâce à la menace de castration.

Cela n'empêche pas Freud de développer dans la lignée de deux autres textes, *Tabou de la virginité* (1918) et *On bat un enfant* (1919), une version passive féminine du complexe d'Œdipe « être aimé par le père »... qu'il applique au garçon mais pas à la fille. Il voudra faire de la fille un être masculin et strictement attaché à la mère qui doit devenir une femme et rejoindre le havre de paix que constitue le père. Coûte que coûte, contre lui-même et contre ses élèves, il voudra maintenir cette conception. À cette fin, il fera deux rappels à l'ordre : en 1925 avec *Quelques conséquences psychiques de la différence des sexes au niveau anatomique* et en 1931 avec *De la sexualité féminine*. Pour maintenir sa conception de la féminité Freud ira jusqu'à introduire la notion

1. Ce texte sera complété par la septième « nouvelles leçons », *La féminité* en 1933.

de *préœdipien* quitte à bouleverser sa théorie des névroses. Pourtant, ce second rappel à l'ordre, pas plus que le premier, ne fera taire la dissidence. Il y a deux enjeux pour lui dans cette controverse : sauver sa théorie selon laquelle il n'existe qu'une libido (masculine) et un stade phallique valable pour les deux sexes mais peut-être aussi, se tenir le plus éloigné possible des enjeux œdipiens de sa fille… et patiente *Anna*[2].

Dans la section I, Freud dit reprendre sa théorie générale du développement psychosexuel de l'enfant mais ne rend compte que de la version simplifiée *(positive)* du complexe d'Œdipe du *garçon*. Il passe sous silence la notion d'une position féminine et d'un possible changement d'objet au cours duquel le père devient objet d'amour. Grâce à cette présentation tronquée, il pose une relation simple : la mère a été le premier objet du garçon et le demeure, le père, ne pouvant être qu'un rival. Le nécessaire changement d'objet chez la fille devient alors une complication de son développement. Freud peut alors énoncer les deux grandes complications de la sexualité

2. Dont on sait qu'elle est un des cas de *On bat un enfant*.

féminine : le renoncement à la zone érogène masculine (le clitoris) pour la zone érogène féminine (le vagin) et le changement d'objet (passage de la mère au père). Il réaffirme aussi, comme en 1925[3], que le complexe d'Œdipe féminin est une formation secondaire résultant du complexe de castration.

Ceci acquis, reste à traiter deux faits nouveaux : l'intensité et la durée du lien à la mère. Il introduit ainsi la notion d'une *fillette préœdipienne*[4] (opposée à un *garçon œdipien*) grâce à quoi il réfute l'idée d'un Œdipe négatif chez la fille avancée par certain(es) de ses disciples. Pour ce faire, il n'évoque pour les deux sexes que la position *active* à l'égard de la mère sans référence à la position *passive* (cf. infra). Il abandonne ainsi ses propres avancées sur l'Œdipe négatif de la fille[5] et refuse l'idée d'une symétrie du complexe d'Œdipe dans les deux sexes pourtant bien présente dans *Le Moi et le Ça* (1923). Freud précise aussi que l'intensité du lien à la mère éclaire la pathologie féminine, en particulier l'hystérie et la paranoïa.

---

3. *Quelques conséquences psychiques de la différence des sexes au niveau anatomique*, 1925
4. Il n'existe pas d'occurrence de cette expression sous la plume de Freud antérieure à ce texte de 1931.
5. *Un enfant est battu*, 1919.

Dans la seconde section Freud va tenter d'insérer les *deux faits nouveaux* dans sa théorie générale. Il reprend tout d'abord la question du changement d'organe. Selon une conception très biologisante[6], la bisexualité ne serait pas pour la fille une disposition psychique mais la résultante de données anatomiques liées à son double organe (clitoris/masculin, vagin/féminin). Il réfute l'idée d'une connaissance du vagin. Le clitoris étant érectile, il est masculin ; la masturbation étant *active*, elle ne peut pas s'accompagner de buts (de fantasmes) passifs. La fillette est un petit garçon qui doit devenir une femme… Il reprend ensuite le changement d'objet. Il rappelle la situation du garçon avant de redire que la mère est également le premier objet de la fille et qu'elle doit l'abandonner au profit du père. Il associe alors changement d'organe et changement d'objet : la femme est homme avec sa mère et doit devenir femme avec son père.

Freud réaffirme aussi que l'amour envers un des parents et la haine rivalitaire envers l'autre est une configuration qui se limite au garçon. La haine mère-fille ne serait pas déterminée par la jalousie

---

6. « Le destin de la femme c'est l'anatomie », *La disparition du complexe d'Œdipe*, 1924.

(œdipienne) mais par la déception et l'envie (pour celui que la mère a mieux doté – le frère). Autre façon de dire que la fille reste en deçà du complexe d'Œdipe. Il reprend longuement le parcours œdipien du garçon avant d'aborder la situation de la fille. Il réédite tout d'abord le constat sans appel : « elle sait qu'elle ne l'a pas »[7] qui fait d'elle un être inférieur dont il décrit les trois destins possibles (renoncement à toute sexualité, refus de l'évidence et destin de masculinité, acceptation et accès à la féminité). Il précise aussi que du fait de l'absence de dissolution de l'Œdipe, la fille sera dotée d'un Surmoi défaillant. Freud considère alors la question œdipienne de la fille réglée et ouvre le débat sur le lien préœdipien.

Il cherche à démontrer le caractère non-œdipien du conflit mère/fille. Il explore les motifs proprement préœdipiens et donc communs aux deux sexes. Le premier est la recherche d'exclusivité auprès de la mère. Le second est l'absence de satisfaction que Freud place sous le sceau de l'insuffisance (immaturité sexuelle). L'enfant (garçon ou fille) finit par haïr ce qu'il ne peut posséder. Cet argument prépare celui de l'hostilité entre mère et fille : la fille plus mal dotée du fait de son pénis atrophié, n'en sera

7. *La disparition du complexe d'Œdipe*, 1924.

que plus hostile. Le troisième est la masturbation et sa répression. Freud fait référence uniquement à la masturbation clitoridienne (méconnaissance du vagin) qui serait donc *phallique* (érectile = phallique = fantasmes actifs). Il précise que la masturbation de la fille serait « au début assurément sans fantasme » alors qu'il associait la masturbation du petit garçon à des fantasmes œdipiens. Cependant, juste après, il évoque le fantasme de la mère, séductrice du fait de l'influence exercée par les soins, qui est en fait, sans équivoque possible, la source fantasmatique première de la masturbation dans les deux sexes selon une position passive. Mais Freud coupe court à cette idée et reprend l'argument anatomique : la fille serait certes masculine mais moins masculine que le garçon (question de taille d'organe), elle serait donc moins sujette à la masturbation et accepterait plus facilement d'y renoncer. Freud avance un dernier argument sur l'abandon de la masturbation par la fille : elle perdrait de son intérêt à se voir si « mal dotée » quand elle a l'opportunité de se comparer au garçon.

Concernant le lien entre masturbation et choix d'objet, Freud reste évasif. Son propos est plus clair dans *La féminité* où il considère que l'amour de la fille concerne *la mère phallique* (1933, p. 210) dont la fille se détourne définitivement une fois reconnue comme castrée. Il affirme ensuite que le conflit autour de la masturbation s'instaure dès le premier interdit *maternel*. Ainsi l'imputation au père de la castration comme punition de la masturbation ne peut être qu'un remaniement secondaire. Il en donne pour preuve la situation du garçon. Pourtant, c'est bien le vécu œdipien du garçon qui lui fait attribuer, dans l'après-coup, cette menace au père. Sans poursuivre l'argumentation, Freud affirme à nouveau que le seul véritable motif qui conduit la fille à se détourner de sa mère est le fait de ne pas l'avoir dotée d'un pénis. Il semble aborder ensuite tout autre chose mais il s'agit en fait de réfuter un autre contre-argument : celui de la déception orale qui pourrait, selon certain(e)s de ses élèves, être première sur la déception phallique.

Freud fait un point sur tous les arguments avancés et reconnaît qu'aucun (pas même celle de l'avoir fait naître sans pénis) ne suffit à comprendre comment la fille se détourne de la mère. Il aborde alors un nouvel argument, celui de l'ambivalence. Celle-ci, associée à d'autres facteurs négatifs (ceux vus précédemment), ferait pencher la balance vers la haine et permettrait ainsi que se réalise le détachement de la fille. Le propos est elliptique mais la leçon *La fémi-*

nité[8] nous confirme que la fille sortirait de l'amour ambivalent envers la mère par la haine… alors que le garçon en sortirait par l'amour. Cette vision simplificatrice est contredite par Freud lui-même qui écrit que les sentiments œdipiens du petit Hans mêlent amour et haine pour le père[9].

Dans la troisième section, Freud se concentre sur la nature du lien préœdipien mère/fille. Pour la première fois, il évoque la double nature du but de la pulsion : active et passive. Si la pulsion (et donc la libido) est toujours active (donc masculine), ses buts peuvent néanmoins se différencier en actif ou passif. Reste que l'activité est toujours première, la passivité seconde. Freud ouvre alors une grande parenthèse pour parler de la passivité en général et non plus uniquement de la passivité dans la sphère sexuelle. Freud referme sa parenthèse en indiquant qu'on ne peut manquer de reconnaître une révolte contre la passivité et une préférence pour le rôle actif. Par cette transition, il passe subtilement de la *lutte* contre la passivité (première) à la *révolte* contre la passivité sexuelle. Il transforme ainsi un

8. *La féminité*, 1933, p. 207.
9. *Inhibition, symptôme et angoisse*, 1926, p. 219.

état d'angoisse intolérable pour le moi en une question d'ordre narcissique.

Une fois le glissement opéré, il revient sur la sexualité infantile et sur ses enjeux entre activité et passivité. Il aborde alors le cœur de son propos : les enjeux de la passivité et de l'activité à la période phallique. Tout en se disant surpris, il affirme que seuls des mouvements actifs se manifestent à cette période. Pourtant, il admet juste après l'existence de motions passives pour la fille face à une mère séductrice qui l'introduirait à la phase phallique en l'initiant fortuitement (par les soins) à l'onanisme.

Avant de poursuivre sur la mère séductrice, Freud intercale un passage sur le jeu comme recherche de maîtrise des situations vécues passivement et précise, à propos de la fille, que cette maîtrise par le jeu s'inscrit dans l'activité spécifique aux femmes : le maternage. La fillette, en jouant à la poupée, exprime, sur un mode actif, ses désirs à l'égard de la mère : être pouponnée par la mère/pouponner la mère. Il s'agirait de l'expression phallique/active d'une motion féminine dirigée vers la mère dont le père reste le grand exclu. L'idée que la fille puisse, dans un cadre œdipien, se fantasmer comme pouponnant un enfant reçu du père est totalement exclu.

S'inspirant d'un texte d'O. Fenichel[10], Freud reprend ensuite les trois grandes phases du développement prégénital (y compris phallique) qui ne peuvent avoir comme objet – préœdipien – que la mère. Il explore les motions à but passif et revient sur la mère séductrice qui, du fait des soins maternels, initie inévitablement l'enfant au plaisir onaniste ouvrant celui-ci à la phase phallique. Le père serait mis en place de séducteur par simple translation de l'objet-mère à l'objet-père. Il hériterait, en quelque sorte, du passif sans qu'il soit d'une manière ou d'une autre concerné. C'est à nouveau toute la dimension rétroactive de l'après-coup qui est effacée. Freud explore ensuite les motions à but actif. À nouveau la masturbation clitoridienne (active) est exclusivement associée à des fantasmes actifs. Ce qui lui permet, du même coup, de justifier que ces fantasmes (actifs) soient exclusivement centrés sur la mère. Pourtant, si Freud reconnaît des fantasmes actifs (donc pénétrants) à la fillette, elle ne pourrait reconnaître le but de ceux-ci. Ce serait en effet reconnaître que l'enfant dispose d'une connaissance (inconsciente) du vagin.

10. *La préhistoire prégénitale du complexe d'Œdipe*, 1930.

Une fois décrites toutes les modalités de la sexualité préœdipienne de la fille (en fait des deux sexes), Freud revient sur la question toujours pas résolue du changement d'objet. Il en vient à faire intervenir une inversion de l'intensité des motions actives et passives au profit des dernières en reprenant l'argument de la frustration face à l'impossible réalisation des motions sexuelles. La fille se trouve plus touchée puisqu'elle ne pourra jamais (à l'encontre du garçon) réaliser ses motions sexuelles actives. Il reprend alors les trois destins de la sexualité féminine : le refoulement généralisé de la sexualité, le renforcement de la masculinité pouvant aller jusqu'à l'homosexualité et, si la fille a pu refouler ses tendances actives sans trop « endommager » ses tendances passives, l'ouverture à l'objet-père et à la féminité. À nouveau, la dimension fantasmatique (et donc le père) n'intervient pas : la passivité conduirait *naturellement* la fille vers le père. Pourtant sans l'intervention de désirs envers le père (fantasmes) et sans concavité anatomique (la fille ne découvre le vagin qu'à la puberté selon Freud) comment la fillette s'oriente-t-elle passivement vers le père ?

Freud considère alors que ce qu'il a avancé en 1923[11] pour le garçon est démontré également pour la fille : il n'existe qu'une libido masculine et un stade phallique valable pour les deux sexes.

Dans la dernière section, l'une des plus courtes, Freud accepte enfin de discuter ce que d'autres ont écrit sur la sexualité féminine depuis 1925. Il s'agit en fait d'écarter toute contestation qui justifierait de l'existence d'un surmoi féminin. En démontrant que la femme est fondamentalement préœdipienne et que l'Œdipe en constitue l'heureuse échappée, il exclut toute discussion sur le sujet. Il réfute ainsi les travaux d'H. Deutsch (1925), de C. Müller-Braunschweig (1926), de M. Klein (1926) ou encore d'E. Jones (1927). Il exclut aussi que la relation à la mère puisse être le résultat d'une régression suite à la déception œdipienne contestant cette fois K. Horney (1926), E. Jones (1927) ou encore M. Klein (1928).

Il évoque tout d'abord quelques points de convergence : le texte d'Abraham de 1921 (oubliant celui de 1924 pourtant fondamental pour la conception orale de la sexualité féminine) ou les travaux de J. Lampl de Groot tant qu'elle ne parle pas d'Œdipe

11. *L'organisation génitale infantile*, 1923.

négatif. Il fait aussi référence à H. Deutsch mais cite un passage écrit à sa propre demande et passe sous silence le reste du texte où elle tente d'élaborer une position féminine chez la fille. Il critique d'ailleurs ses positions sur le surmoi féminin. Il fait enfin référence à O. Fenichel et en extrait ce qui convient à son point de vue tout en le critiquant sur sa conception de la féminité. Freud conclut en soulignant la confusion entre fixation et régression dans laquelle seraient nombre de ses élèves (en particulier K. Horney et E. Jones). Confusions qui les conduiraient à accorder abusivement à la fille un authentique complexe d'Œdipe.

Les dates clés

> **1900** : *L'Interprétation des rêves* : Freud aborde pour la première fois la question du développement psychosexuel de l'enfant et pose les jalons de la sexualité infantile.

> **1910** : *Un type particulier de choix d'objet chez l'homme* : première occurrence de l'expression « complexe d'Œdipe ».

> **1918-1919** : *Tabou de la virginité* et *On bat un enfant*, Freud développe une version passive féminine du complexe d'Œdipe qu'il applique au garçon mais pas à la fille.

> **1923** : Karen Horney est la première femme a prendre la parole sur le développement psychosexuel de la femme. Elle va contribuer, avec d'autres femmes, à l'idée d'un authentique complexe oedipien pour la femme dont l'envie du pénis serait l'expression inversée (comme la position passive chez le garçon).

> **1923-1924** : *L'organisation génitale infantile* et *La disparition du complexe d'Œdipe*, Freud fixe les bases de la psycho-sexualité du garçon : il sort du complexe d'Œdipe par le complexe de castration grâce à la menace de castration.

> **1925** : *Quelques conséquences psychiques de la différence des sexes au niveau anatomique*. Freud réaffirme que le complexe d'Œdipe féminin est une formation secondaire résultant du complexe de castration.

> **1931** : *De la sexualité féminine*. Freud y introduit la notion de préoedipien faisant de la fille un être préoedipien donc infantile en opposition à un garçon œdipien disposant d'un surmoi indépendant.

Über die weibliche Sexualität

De la sexualité féminine

Sigmund Freud, 1931

Texte intégral traduit par

Hélène Francoual

Dans la phase du complexe d'Œdipe normal nous trouvons l'enfant tendrement attaché au parent du sexe opposé tandis que dans le rapport au parent du même sexe l'hostilité prédomine. Nous n'avons aucun mal à aboutir à ce résultat pour le petit garçon. La mère fut son premier objet d'amour ; elle le demeure ; lorsque se renforcent ses tendances[1] amoureuses et qu'il perçoit plus en profondeur la relation entre son père et sa mère, le père devient nécessairement le rival. Il en va autrement pour la petite fille. Son premier objet fut pourtant aussi la mère ; Comment trouve-t-elle la voie qui la mène au père ? Comment, quand et pourquoi se détache-t-elle[2] de la mère ? Nous avons depuis longtemps compris que le développement de la sexualité féminine est compliqué par la tâche[3] de renoncer à la zone génitale directrice à l'origine, le clitoris, pour une nouvelle zone, le vagin. Une seconde transformation de cette sorte, l'échange de l'objet mère originel contre le père, ne nous semble maintenant pas moins caractéristique et significative du développement de la femme[4]. Nous ne pouvons pas encore savoir de quelle façon ces deux tâches sont reliées l'une à l'autre.

Les femmes ayant un lien fort au père sont, on le sait, très nombreuses. Point n'est besoin qu'elles soient pour autant névrosées. C'est auprès de ces femmes que j'ai fait les observations dont je rends compte ici et qui m'ont conduit à une certaine conception de la sexualité féminine.

Là, deux faits m'ont particulièrement frappé. Le premier était le suivant : là où existait un lien au père particulièrement intense, il y avait eu auparavant, comme en témoigne l'analyse, une phase de lien exclusif à la mère d'une intensité similaire et d'un même caractère passionné. À l'exception du changement d'objet, la seconde phase n'avait guère ajouté de trait nouveau à la vie amoureuse. La relation primaire à la mère avait été édifiée avec une grande richesse et une grande diversité. Le second fait nous apprit que l'on avait aussi fortement sous-estimé la durée de ce lien à la mère. Dans plusieurs cas, il se prolongeait jusque tard dans la quatrième année, dans un cas, jusque dans la cinquième année, et occupait donc la partie de loin la plus longue dans la floraison sexuelle précoce. En fait, il fallait admettre la possibilité qu'un grand nombre d'êtres féminins restent enlisés[5] dans ce lien originel à la mère et ne parviennent jamais à se tourner véritablement vers l'homme.

La phase préœdipienne de la femme accède ainsi à une importance que nous ne lui avions pas attribuée jusqu'ici.

Comme cette phase peut accueillir toutes les fixations et tous les refoulements, auxquels nous ramenons la genèse des névroses, il semble nécessaire de revenir sur le caractère général de cette proposition selon laquelle le complexe d'Œdipe serait le noyau de la névrose. Mais quiconque a des préventions contre cette correction n'est pas obligé de la faire. On peut, d'une part, élargir le contenu du complexe d'Œdipe de telle sorte qu'il englobe toutes les relations de l'enfant à ses deux parents, de l'autre on peut également tenir compte des nouvelles connaissances acquises par l'expérience et dire alors que la femme ne parvient à la situation œdipienne positive normale qu'après avoir surmonté une période antérieure[6] dominée par le complexe négatif. Effectivement pendant cette phase le père n'est pour la fille pas grand-chose d'autre qu'un rival gênant, même si l'hostilité contre lui n'atteint jamais le niveau élevé caractéristique du garçon.

Il est vrai que nous avons depuis longtemps abandonné tout espoir d'un parallélisme sans faille entre les développements sexuels masculin et féminin. Ce que nous avons observé en pénétrant dans la période antérieure préœdipienne de la fille fait l'effet d'une surprise pareille à celle, dans un autre domaine, de la mise à jour de la culture mino-mycénienne dissimulée derrière la culture grecque.

Tout dans le domaine de ce premier lien à la mère m'a semblé si difficile à saisir d'un point de vue analytique, rendu méconnaissable par l'usure des ans, aussi vague qu'une ombre, guère susceptible d'être ramené à la vie, comme si cela avait succombé à un refoulement particulièrement inexorable. Mais peut-être cette impression venait-elle de ce que les femmes en analyse avec moi pouvaient s'attacher à maintenir[7] ce même lien au père, dans lequel elles s'étaient réfugiées pour sortir de la période antérieure en question. Il semble effectivement que des analystes femmes comme Jeanne Lampl de Groot et Hélène Deutsch ont pu percevoir cet état de faits plus aisément et plus clairement parce que, dans le cas des personnes sur les dires desquelles elles s'appuient, le transfert sur un substitut maternel approprié leur est venu en aide. Je ne suis pas non plus parvenu à percer un cas complètement à jour, je me bornerai donc à communiquer les résultats les plus généraux et n'exposerai que quelques échantillons de mes vues nouvelles. Et parmi elles figure le fait que cette phase du lien à la mère laisse supposer une relation particulièrement intime à l'étiologie de l'hystérie, ce qui n'est pas surprenant si l'on considère que toutes deux, la phase comme la névrose relèvent des caractères particuliers de la féminité, et de plus que l'on trouve dans cette dépendance envers la mère le germe de la paranoïa ultérieure chez la femme[8]. Car il semble bien que cela soit l'angoisse surprenante, mais que l'on rencontre régulièrement d'être tuée (dévorée ?) par la mère. On est tenté de faire l'hypothèse que cette angoisse correspond à une hostilité qui se développe chez l'enfant à l'encontre de la mère par suite des multiples restrictions imposées par l'éducation et les soins corporels, et que le mécanisme de la projection est favorisé par le fait que l'organisation psychique se trouve à une période liminaire de son développement.

J'ai placé en tête les deux faits qui m'ont frappé par leur nouveauté, à savoir que la forte dépendance de la femme à l'égard du père ne fait que recueillir l'héritage d'un lien à la mère tout aussi fort et que cette phase antérieure a persisté pendant une durée d'une longueur inattendue. Je vais maintenant revenir en arrière pour insérer ces résultats dans le tableau du développement sexuel féminin qui nous est maintenant familier, ce qui rendra les répétitions inévitables. La comparaison constante avec ce qui se passe chez l'homme ne peut qu'être profitable à notre présentation.

Tout d'abord, il est indéniable que la bisexualité dont j'ai affirmé qu'elle est une disposition de l'espèce humaine est beaucoup plus nettement marquée chez la femme que chez l'homme. L'homme n'a en fin de compte qu'une zone sexuée directrice, qu'un organe sexuel, tandis que la femme en possède deux : le vagin qui est proprement féminin et le clitoris, analogue au membre masculin. Nous sommes fondés à supposer que le vagin n'est pour ainsi dire pas présent pendant de longues années et ne procure des sensations peut-être qu'au moment de la puberté. Ces derniers temps, il est vrai, les voix des observateurs se multiplient qui reportent les motions vaginales également à ces premières années. L'essentiel de ce qui se produit pendant l'enfance quant à la génitalité, se joue, pour la femme, nécessairement au niveau du clitoris. La vie sexuelle de la femme se divise régulièrement en deux phases, dont la première a un caractère masculin ; seule la seconde est spécifiquement féminine. Dans le développement féminin il y a ainsi un processus de translation menant d'une phase à l'autre qui n'a pas d'équivalent chez l'homme. Une complication supplémentaire provient de ce que la fonction du clitoris viril se maintient jusque dans la vie sexuelle ultérieure de la femme d'une façon très variable et qui n'est assurément pas comprise de façon satisfaisante. Nous ne savons naturellement pas quels sont les fondements biologiques de ces particularités de la femme ; nous pouvons encore moins leur prêter une visée téléologique.

Parallèlement à cette première grande différence, l'autre différence s'établit dans le domaine de la recherche et la découverte de l'objet[9]. Chez l'homme, la mère devient le premier objet d'amour, en raison de l'influence jouée par l'apport de nourriture et les soins corporels et elle le demeure jusqu'à ce qu'elle soit remplacée par un objet semblable à elle, dans sa nature ou bien dérivé d'elle. Chez la femme aussi, la mère est nécessairement le premier objet. Les conditions originelles du choix d'objet sont en effet les mêmes pour tous les enfants. Mais au terme du développement l'homme-père doit[10] être devenu le nouvel objet d'amour, c'est-à-dire qu'à la modification sexuelle de la femme doit correspondre une modification du sexe de l'objet. Nouvelles tâches pour la recherche se posent les questions de savoir par quelles voies s'effectue cette transformation, si elle s'accomplit à fond ou si elle reste incomplète, et quelles sont les diverses possibilités qui résultent de ce développement.

Nous avons du reste déjà reconnu qu'une différence[11] supplémentaire entre les sexes concerne le rapport au complexe d'Œdipe. Notre impression sur ce point est que ce que nous avons affirmé sur le complexe d'Œdipe ne convient en toute rigueur que pour l'enfant de sexe masculin et que nous avons raison de refuser la dénomination de complexe d'Electre qui prétend souligner l'analogie de comportement entre les deux sexes. La relation d'une importance capitale pour le destin[12] qui est en même temps d'amour envers l'un des parents, et de haine rivalitaire envers l'autre, ne s'établit que pour l'enfant masculin. Chez ce dernier, c'est alors la découverte de la possibilité de la castration, telle qu'elle est avérée par la vue de l'organe génital féminin, qui contraint au remaniement du complexe d'Œdipe, conduit à la création du surmoi et enclenche ainsi tous les processus qui visent à insérer l'individu dans la communauté de la culture. Après avoir intériorisé l'instance paternelle en sur-moi il reste à mener à bien cette autre tâche consistant à détacher ce dernier des personnes dont il était à l'origine le représentant psychique. Sur ce remarquable parcours de développement, c'est précisément l'intérêt génital narcissique, celui pour la conservation du pénis, qui a été orienté vers une restriction de la sexualité infantile.

Chez l'homme, il subsiste de l'influence du complexe de castration également une certaine dose de dédain pour la femme reconnue comme castrée. À partir de ce dédain se développe, dans les cas extrêmes, une inhibition du choix d'objet et, avec le soutien de facteurs organiques, une homosexualité exclusive. Les effets du complexe de castration sont tout autres chez la femme. La femme reconnaît[13] le fait de sa castration et par là même également la supériorité de l'homme et sa propre infériorité mais elle se révolte aussi contre cet état de choses déplaisant. De cette position scindée découlent trois orientations de développement. La première conduit à se détourner de façon générale de la sexualité. La fillette[14] effrayée par la comparaison avec le petit garçon, se trouve[15] alors mécontente de son clitoris, renonce à son activité phallique et par là à la sexualité en général ainsi qu'à une bonne part de sa masculinité dans d'autres domaines. La deuxième orientation, dans une affirmation de soi pleine de défi, reste attachée à la masculinité menacée. L'espoir de recevoir un jour à nouveau un pénis se maintient jusqu'à des temps incroyablement tardifs, est érigé en but existentiel et le fantasme d'être malgré tout un homme demeure souvent un élément organisateur pour de longues périodes de l'existence. Ce « complexe de masculinité » de la femme peut aussi aboutir à un choix d'objet homosexuel manifeste. Ce n'est que la troisième orientation de développement, qui, par des voies franchement détournées, débouche sur la configuration finale normale pour la femme, qui prend le père pour objet et trouve ainsi la forme féminine du complexe d'Œdipe. Le complexe d'Œdipe est donc chez la femme le résultat final d'un développement plus long, il n'est pas détruit par l'influence de la castration mais au contraire créé par elle, il échappe aux fortes influences hostiles qui, chez l'homme, ont sur lui un effet destructeur, et trop fréquemment même il n'est pas surmonté du tout par la femme. C'est pourquoi aussi les résultats culturels de sa désintégration sont plus minces et de moindre conséquence. On ne se trompe vraisemblablement pas lorsqu'on affirme que cette différence dans la relation réciproque du complexe d'Œdipe et du complexe de castration marque de son empreinte le caractère de la femme comme être social[16].

La phase du lien exclusif à la mère que l'on peut qualifier de préœdipienne prétend donc chez la femme à une importance bien plus grande que celle qui peut lui revenir chez l'homme. De nombreuses manifestations de la vie sexuelle de la femme qui auparavant n'étaient pas bien accessibles à la compréhension se trouvent pleinement élucidées lorsqu'on les ramène à cette phase. Nous avons par exemple remarqué depuis longtemps que beaucoup de femmes qui ont choisi leur époux d'après le modèle du père ou bien l'ont mis à la place de père répètent pourtant dans leur couple avec lui la mauvaise relation qu'elles avaient avec leur mère. Il devait hériter de la relation au père et en réalité il hérite de la relation à la mère. On comprend aisément qu'il s'agit là d'un cas évident de régression. La relation à la mère était la relation originelle, c'est sur elle qu'était édifié le lien au père et voilà qu'apparaît maintenant dans le couple l'originel en provenance du refoulement. La transcription[17] des liens affectifs de l'objet-mère sur l'objet-père formait en effet le contenu principal du développement qui mène à la féminité[18].

Si, chez tant de femmes, nous avons l'impression que la période de la maturité est toute entière occupée par le conflit avec leur époux, tout comme elles ont passé leur jeunesse à être en conflit avec leur mère, nous tirerons alors la conclusion à la lumière des remarques précédentes, que leur attitude hostile envers la mère n'est pas une conséquence de la rivalité du complexe d'Œdipe mais provient de la phase antérieure et n'a fait que se renforcer et être mise en application dans la situation œdipienne. C'est ce qui est aussi confirmé par l'investigation analytique directe. Notre intérêt doit se porter sur les mécanismes qui sont devenus opérants lorsqu'il a fallu se détourner de l'objet mère aimé si intensément et si exclusivement. Nous sommes préparés à trouver non pas un seul facteur de cette sorte mais toute une série de ces facteurs qui œuvrent ensemble pour atteindre le même but final.

Parmi eux certains se dégagent qui sont conditionnés par les circonstances de la sexualité infantile en général, et valent donc de la même manière pour la vie amoureuse du petit garçon. Il faut mentionner ici en tout premier lieu la jalousie envers d'autres personnes, les frères et sœurs, les rivaux, auprès desquels le père lui aussi trouve place. L'amour enfantin est sans mesure[19], il réclame l'exclusivité et ne se contente pas de demi-portions. Une deuxième caractéristique de cet amour est qu'il est aussi, à vrai dire, sans but, incapable d'une pleine satisfaction et c'est essentiellement pourquoi il est condamné à déboucher sur une déception et à faire place à une attitude hostile. À des périodes ultérieures de l'existence l'absence[20] de satisfaction finale peut favoriser une autre issue. Ce facteur peut assurer la persistance paisible de l'investissement libidinal, comme dans les relations amoureuses inhibées quant au but, mais sous la poussée des processus de développement, il arrive régulièrement que la libido quitte cette position insatisfaisante pour se mettre en quête d'une nouvelle position.

Un autre motif, bien plus spécifique, de se détourner de la mère résulte de l'effet du complexe de castration sur la créature sans pénis[21]. Un jour ou l'autre la petite fille fait la découverte de son infériorité organique, naturellement plus tôt et plus aisément si elle a des frères ou s'il y a d'autres garçonnets dans son entourage. Nous avons déjà vu quelles sont les trois orientations qui alors se dégagent les unes des autres : a) celle qui conduit à stopper toute la vie sexuelle, b) celle qui, sur le mode du défi, conduit à sur-accentuer la masculinité, c) celle qui amorce la féminité définitive. Il n'est pas facile de donner ici des indications de temps plus précises et de déterminer des modalités de déroulement typiques. Déjà le moment de la découverte de la castration est variable, et bien d'autres facteurs semblent inconstants et dépendants du hasard. L'état de l'activité phallique propre entre en ligne de compte, tout comme la question de savoir si celle-ci est découverte ou non, et, quelle mesure prend son empêchement après sa découverte.

L'activité phallique propre, la masturbation au niveau du clitoris que la petite fille trouve la plupart du temps spontanément, est au début assurément sans fantasme. Le fantasme si fréquent qui fait de la mère, la nourrice ou la bonne d'enfant la séductrice, rend compte de l'influence exercée par les soins corporels dans son éveil. La question de savoir si l'onanisme des filles est plus rare et dès le début moins énergique que celui des garçons reste posée ; ce serait bien possible. De même l'existence d'une séduction effective est relativement fréquente, elle provient soit d'autres enfants, soit des personnes chargées de s'occuper de l'enfant, qui l'apaisent, le font s'endormir, ou veulent le rendre dépendant d'elles. Là où s'exercent les effets de la séduction, ils perturbent régulièrement le déroulement naturel des processus de développement ; elle laisse souvent derrière elle des conséquences étendues et durables.

L'interdit de la masturbation devient, comme nous l'avons vu, une raison d'y renoncer mais aussi un motif de rébellion contre la personne à l'origine de l'interdit, c'est-à-dire la mère ou le substitut de la mère qui plus tard se fond régulièrement avec elle.

L'affirmation, en forme de défi, de la masturbation semble ouvrir la voie vers la masculinité. Même là où l'enfant n'a pas réussi à réprimer la masturbation, on peut observer les effets de cet interdit apparemment vain dans les efforts déployés ultérieurement par l'enfant pour se libérer, par tous les sacrifices, de cette satisfaction qui lui a été gâchée. En outre le choix d'objet de la fille parvenue à la maturité peut être influencé par la persistance de cette intention. Le ressentiment généré par l'empêchement de la libre activité sexuelle joue un grand rôle dans le détachement d'avec la mère. La même raison va jouer à nouveau également après la puberté quand la mère se reconnaît le devoir de veiller sur la chasteté de sa fille. Nous n'oublions naturellement pas que la mère s'oppose de la même façon à la masturbation du petit garçon et lui fournit ainsi, à lui aussi, ainsi un puissant motif de rébellion.

Quand la petite fille fait l'expérience de sa propre déficience[22] en voyant un organe génital masculin, ce n'est pas sans hésitation et sans révolte qu'elle accepte ce genre d'enseignement dont elle se serait bien passée. Comme nous l'avons vu, l'attente d'avoir aussi un jour un organe génital comme celui-là persiste obstinément et ce désir survit longtemps encore à l'espérance. Dans tous les cas l'enfant ne tient d'abord la castration que pour une infortune individuelle, ce n'est que plus tard qu'elle l'étend aussi aux autres enfants, et pour finir aux autres individus adultes. Lorsqu'elle perçoit la généralité de ce caractère négatif, établit alors une importante dévalorisation de la féminité, et donc aussi de la mère.

Il est fort possible que la description faite précédemment de la manière dont se comporte la petite fille face à l'impression produite par la castration et l'interdit de l'onanisme, laisse au lecteur une impression de confusion et de contradiction. Ce n'est pas entièrement la faute de l'auteur. En réalité il n'est guère possible d'en donner une présentation qui ait une portée générale. Chez différents individus on trouve les réactions les plus diverses, chez le même individu coexistent des attitudes opposées. Dès la première intervention de l'interdit, le conflit est là, qui va désormais accompagner le développement de la fonction sexuelle. La compréhension est rendue particulièrement ardue du fait que l'on a si grand peine à différencier les processus psychiques de cette première phase des processus ultérieurs, qui les recouvrent et les déforment pour le souvenir. C'est ainsi par exemple que le fait de la castration est perçue plus tard comme une punition pour l'activité onanique, et l'exécution de cette punition imputée au père, deux choses qui ne peuvent certainement pas être originelles. Le garçon lui aussi craint la castration venant régulièrement de la part du père, bien que pour lui aussi la menace émane la plupart du temps de la mère.

Quoi qu'il en soit, au terme de cette première phase de lien à la mère, le reproche qu'elle n'a pas doté son enfant d'un véritable organe génital, c'est-à-dire qu'elle l'a fait naître femme, émerge comme le motif le plus puissant qui fait se détourner de la mère. Ce n'est pas sans surprise que l'on perçoit un autre reproche qui remonte un peu moins loin : la mère n'a pas donné suffisamment de lait à l'enfant, ne l'a pas nourri assez longtemps. Cela peut bien souvent se révéler fondé dans les circonstances culturelles qui sont les nôtres mais certainement pas aussi souvent que cela est affirmé dans l'analyse. Il semble bien plutôt que cette accusation soit l'expression de l'insatisfaction générale des enfants qui, dans les conditions culturelles de la monogamie, sont sevrés du sein maternel après 6 à 9 mois, tandis que chez les primitifs, la mère se consacre exclusivement à son enfant pendant deux à trois ans, comme si nos enfants étaient à jamais restés non rassasiés, comme s'ils n'avaient jamais tété assez longtemps le sein maternel. Mais je ne suis pas certain que l'on ne rencontrerait pas la même plainte si on analysait des enfants qui ont été nourris au sein aussi longtemps que les enfants des primitifs ! Si grande est l'avidité de la libido enfantine ! Si l'on passe en revue toute la série de motivations mises à jour par l'analyse qui font se détourner de la mère, à savoir qu'elle a omis de pourvoir la fille du seul organe génital véritable, qu'elle ne l'a pas suffisamment nourrie, l'a contrainte à partager l'amour maternel avec d'autres, qu'elle n'a jamais rempli toutes les attentes affectives et enfin qu'elle a d'abord stimulé, puis interdit l'activité sexuelle propre, toutes semblent insuffisantes à justifier cette hostilité finale. Certaines d'entre elles sont des conséquences découlant inévitablement de la nature de la sexualité infantile, les autres font l'effet de rationalisations, instaurées ultérieurement, de cette transformation des sentiments qui a mal été comprise. Peut-être cela se passe-t-il plutôt ainsi, à savoir que le lien à la mère doit périr justement parce qu'il est le premier et qu'il est d'une si forte intensité, de façon semblable ce que l'on peut si souvent observer chez les jeunes femmes, lors de leur premier mariage conclu au plus fort de l'état amoureux. Ici comme là, les inévitables déceptions et l'accumulation des motifs d'agression mèneraient à l'échec de l'attitude amoureuse. En règle générale les seconds mariages connaissent une issue bien meilleure.

Nous ne pouvons aller jusqu'à affirmer que l'ambivalence des investissements affectifs est une loi psychologique universellement valable et qu'il est absolument impossible d'éprouver un grand amour pour une personne sans que ne s'y adjoigne une haine peut être tout aussi grande ou inversement. L'individu normal et l'adulte réussissent sans aucun doute à dissocier ces deux attitudes l'une de l'autre, à ne pas haïr son objet d'amour et à ne pas devoir aussi aimer son ennemi. Mais cela semble être le résultat de développements ultérieurs. Dans les premières phases de la vie amoureuse c'est manifestement l'ambivalence qui est la règle. Chez beaucoup d'êtres humains ce trait archaïque se maintient durant toute la vie, pour ceux atteints de névrose de contrainte il est caractéristique que, dans leurs relations d'objet, l'amour et la haine s'équilibrent l'un l'autre. Pour les primitifs aussi, nous pouvons affirmer la prépondérance de l'ambivalence. Le lien intense de la petite fille à sa mère devrait donc nécessairement être fortement ambivalent et, avec le concours des autres facteurs, pousser à se détourner de la mère, du fait précisément de cette ambivalence, c'est-à-dire de nouveau comme conséquence d'un caractère général de la sexualité infantile.

Contre cette tentative d'explication, s'élève aussitôt la question : mais comment les petits garçons peuvent-ils maintenir sans contestation ce lien à la mère d'une intensité assurément pas moindre ? La réponse est tout aussi prompte : parce que cela leur permet de liquider leur ambivalence envers la mère en plaçant chez le père tous leurs sentiments hostiles.

Mais premièrement on ne doit pas donner cette réponse avant d'avoir étudié à fond la phase préœdipienne du garçon et deuxièmement il est de toute façon probablement plus prudent de s'avouer que l'on n'a encore en aucune façon convenablement percé à jour ces processus dont on vient de prendre connaissance.

Une autre question est celle-ci : que réclame la petite fille de sa mère ? De quelle nature sont ses buts sexuels à cette époque du lien exclusif à la mère ? La réponse que l'on tire du matériel analytique concorde tout à fait avec nos attentes. Les buts sexuels de la fille vis-à-vis de la mère sont de nature à la fois active et passive et ils sont déterminés par les phases libidinales que traverse l'enfant. La relation de l'activité à la passivité mérite ici que nous lui accordions un intérêt tout particulier. Il est aisé d'observer que, dans chaque domaine du vécu psychique, et pas seulement dans celui de la sexualité, une impression reçue passivement par l'enfant fait naître chez lui la tendance à une réaction active. Il tente de faire lui-même ce qui auparavant a été fait sur lui ou avec lui. C'est là une part du travail de maîtrise[23] portant sur le monde extérieur qui lui est imposé et qui peut même conduire à ce que l'enfant s'efforce de faire se répéter ces impressions qu'il aurait eu motif à éviter en raison de leur contenu pénible. Les jeux des enfants sont eux aussi mis au service de cette intention visant à compléter une expérience passive par une conduite active et, en quelque sorte, à l'annuler de cette façon. Si le docteur, pour lui regarder dans la gorge, lui a fait ouvrir la bouche alors qu'il s'y opposait, l'enfant, après son départ, va jouer au docteur et répéter cette procédure violente sur un petit frère ou une petite sœur qui est tout aussi démuni[24] que lui-même l'était face au médecin. On ne peut manquer de reconnaître ici une révolte contre la passivité et une préférence pour le rôle actif. Ce changement d'orientation de la passivité à l'activité ne se fait pas avec autant d'énergie et de régularité chez tous les enfants, chez certains d'entre eux il peut même ne pas se produire[25]. De ce comportement de l'enfant, il est possible de tirer une conclusion sur la force relative de la masculinité et de la féminité, que l'enfant manifestera dans sa sexualité.

Les premières expériences sexuelles, et à coloration sexuelle, de l'enfant auprès de la mère sont naturellement de nature passive. Il est allaité, nourri, lavé, habillé, et il est dirigé dans toutes les actions qu'il doit mener. Une partie de la libido de l'enfant reste fixée à ces expériences et jouit des satisfactions qui y sont liées, une autre partie s'essaie à les convertir en activité. Le fait d'être allaité au sein maternel est d'abord remplacé par le fait de téter le sein de façon active. Dans les autres relations, l'enfant se contente soit de l'autonomie, c'est-à-dire qu'il réalise lui-même avec succès ce qu'on lui a fait jusqu'ici, soit de répéter activement dans le jeu les expériences passives qu'il a vécues, ou bien il fait effectivement de la mère un objet face auquel il se positionne comme un sujet actif. Ce dernier cas qui se déroule dans le domaine de l'activité proprement dite m'a semblé pendant longtemps difficile à croire jusqu'à ce que l'expérience ait dissipé tout doute à ce propos.

On entend rarement dire que la petite fille veut laver sa mère, l'habiller, ou la met en demeure de faire ses besoins excrémentiels. Certes, il lui arrive de dire : maintenant on va jouer à la maman, c'est moi la mère et toi l'enfant mais la plupart du temps elle réalise[26] ces souhaits actifs de façon indirecte en jouant à la poupée, elle-même représente alors la mère et la poupée, l'enfant. Le fait que la fille, contrairement au petit garçon, préfère jouer à la poupée est habituellement perçu comme le signe d'un éveil précoce de sa féminité. Ce n'est pas un tort de le penser, mais on ne doit pas oublier que c'est l'activité de la féminité qui se manifeste ici et que cette prédilection de la fille témoigne vraisemblablement de l'exclusivité du lien à la mère, l'objet-père étant totalement négligé.

L'activité sexuelle si surprenante de la fille envers la mère se manifeste chronologiquement dans des tendances orales, sadiques et finalement mêmes phalliques dirigées sur la mère. Il n'est pas facile de rendre compte ici en détail car il s'agit fréquemment de motions pulsionnelles obscures dont l'enfant n'a pas pu se saisir psychiquement au moment où elles sont survenues et qui n'ont donc reçues une interprétation qu'après-coup et se manifestent ensuite dans l'analyse dans des modalités d'expression qui n'étaient certainement pas les leurs à l'origine. De temps à autre, nous les rencontrons sous forme de transferts sur l'objet-père ultérieur, là où ce n'est pas leur place, et perturbent sensiblement la compréhension. On trouve les désirs agressifs oraux et sadiques sous la forme qu'ils ont été contraints de prendre par le refoulement précoce, comme l'angoisse d'être tué par la mère laquelle justifie de son côté le désir de mort dirigé contre la mère, si ce désir devient conscient. On ne peut déterminer avec quelle fréquence cette angoisse dont la mère est l'objet s'étaye sur une hostilité inconsciente provenant de la mère que l'enfant devine. Je n'ai jusqu'ici rencontré cette angoisse d'être dévoré que chez des hommes, elle est rapportée au père, mais est probablement le résultat de la transformation de l'agression orale dirigée sur la mère. On veut dévorer la mère dont on s'est nourri. Dans le cas du père il n'y a pas le moindre motif susceptible de susciter ce désir.

Les personnes de sexe féminin qui ont un lien fort à la mère et sur lesquelles j'ai pu étudier la phase préœdipienne ont unanimement rapporté avoir opposé la plus grande résistance aux clystères et aux lavements intestinaux que leur mère entreprenait de leur faire, et d'y avoir presque toujours réagi par de l'angoisse et des cris de rage. Cela est sans doute un comportement très fréquent chez les enfants ou même régulier. Ce qui fondait cette rébellion particulièrement violente, je ne l'ai compris que grâce à une remarque de Ruth Mack Brunswick qui s'occupait en même temps que moi de ces problèmes, comme quoi elle aimait à comparer l'explosion de colère qui suit le lavement à l'orgasme survenant après la stimulation génitale. Il faudrait comprendre l'angoisse alors présente comme la transposition du désir d'agression, et du plaisir en résultant[27], activé par la stimulation. Je pense qu'il en est effectivement ainsi et qu'en réponse à l'excitation intense et passive de la zone intestinale au stade sadique-anal, un désir d'agression, qui est aussi plaisir, fait éruption et, du fait qu'il est réprimé, se manifeste directement en fureur ou en angoisse. Dans les années ultérieures, cette réaction semble s'amenuiser jusqu'à disparaître.

Parmi les motions passives de la phase phallique un fait se détache : la fille accuse régulièrement la mère d'être une séductrice parce qu'elle n'a pas pu faire autrement que d'éprouver ses premières ou tout du moins ses plus fortes sensations génitales, lorsque la mère (ou la personne chargée de s'occuper de l'enfant qui la représentait) entreprenait de lui faire sa toilette ou de lui prodiguer des soins corporels. Que l'enfant aime bien ces sensations et sollicite fortement sa mère pour qu'elle les accentue par des contacts et des frictions répétés, des mères m'ont souvent dit l'avoir observé chez leurs petites filles de deux à trois ans. Selon moi, le fait que la mère ne peut éviter d'ouvrir à l'enfant la phase phallique, est responsable de ce que, dans les fantasmes des années ultérieures, ce soit le père qui apparaît si régulièrement comme le séducteur sexuel. Lorsque l'enfant se détourne de la mère, c'est également l'introduction à la vie sexuelle qui est mise au compte du père.

À la phase phallique enfin, d'intenses motions de désir actif à l'égard de la mère se réalisent également. L'activité sexuelle de cette période culmine dans la masturbation au niveau du clitoris, au cours de laquelle c'est vraisemblablement la mère qui est représentée, mais mon expérience ne me permet pas de savoir si cela amène l'enfant à se représenter un but sexuel, ni de savoir quel est ce but. Ce n'est que lorsque tous les intérêts de l'enfant ont connu une nouvelle impulsion, du fait de l'arrivée d'un petit frère ou d'une petite sœur, que l'on peut reconnaître clairement un but de cette nature. La petite fille veut que ce soit elle qui ait fait ce nouvel enfant à la mère, tout comme le petit garçon, et sa réaction à cet événement ainsi que son comportement envers l'enfant sont aussi les mêmes. Cela paraît certes assez absurde mais peut-être seulement parce que cela a pour nous des résonances tout à fait inhabituelles.

Le fait de se détourner de la mère représente un pas hautement significatif sur la voie de développement de la fille, c'est plus qu'un simple changement d'objet. Nous avons déjà décrit son déroulement et énuméré la somme des motivations qui en sont prétendument à l'origine, nous voulons maintenant ajouter qu'on peut observer, allant de pair avec lui, une forte baisse des motions sexuelles actives et une augmentation des motions sexuelles passives. Les tendances actives ont assurément été plus fortement touchées par la frustration, elles se sont révélées totalement irréalisables et de ce fait seront aussi plus facilement délaissées par la libido, mais du côté des tendances passives les déceptions n'ont pas manqué non plus. Fréquemment, la masturbation clitoridienne est stoppée lorsque l'enfant se détourne de la mère, et bien souvent, avec le refoulement de la masculinité qui existait jusqu'ici chez la petite fille, une bonne part de ses tendances sexuelles se trouve durablement endommagée. Le passage à l'objet-père s'accomplit à l'aide des tendances passives, pour autant que ces dernières aient échappé au bouleversement qui a eu lieu. La voie qui mène au développement de la féminité est maintenant libre pour la fille dans la mesure où elle n'est pas encombrée par les restes du lien préœdipien à la mère qui a été surmonté.

Si l'on pose maintenant un regard d'ensemble sur la part ici décrite du développement sexuel féminin, on ne peut s'empêcher de porter un certain jugement sur la féminité dans son entier. On y a trouvé à l'œuvre les mêmes forces libidinales que chez l'enfant de sexe masculin, et l'on a pu se convaincre que, dans un cas comme dans l'autre, elles empruntaient pendant un moment les mêmes voies et parvenaient aux mêmes résultats.

Ce sont ensuite des facteurs biologiques qui les détournent de leurs buts initiaux et dirigent même des tendances actives, masculines dans tous les sens du terme, sur les voies de la féminité. Comme nous ne pouvons pas éviter de ramener l'excitation sexuelle à l'action de substances chimiques déterminées, nous sommes en premier lieu portés à nous attendre à ce que la biochimie nous produise un jour une substance, dont la présence fasse naître l'excitation sexuelle masculine, et une autre, l'excitation sexuelle féminine. Mais cet espoir ne semble pas moins naïf que celui, aujourd'hui heureusement dépassé, de découvrir et d'isoler, sous la loupe du microscope, les agents pathogènes de l'hystérie, de la névrose de contrainte, de la mélancolie, etc.

Dans la chimie sexuelle aussi, les choses doivent être un peu plus compliquées. Mais pour la psychologie il est indifférent qu'il y ait dans le corps une seule substance provoquant l'excitation sexuelle, ou bien deux, ou une multitude. La psychanalyse nous enseigne à nous accommoder de l'existence d'une libido unique qui connaît, il est vrai, des buts, et donc des modes de satisfaction, passifs et actifs. C'est dans cette opposition, et avant tout dans l'existence de tendances libidinales à buts passifs, que réside le reste du problème.

Lorsque l'on prend connaissance de la littérature analytique sur notre objet on se convainc que tout ce que j'ai exposé ici y figure déjà. Il aurait été superflu de publier ce travail si, dans un domaine d'accès aussi difficile, tout compte-rendu sur des expériences propres et des conceptions personnelles ne pouvait être précieux. De plus, j'ai précisé bien des points et les ai isolés plus soigneusement. Dans quelques-unes des autres études sur la question, la présentation perd en clarté du fait qu'y sont discutés en même temps les problèmes du sur-moi et du sentiment de culpabilité. J'ai évité cela, dans la description des diverses issues de cette phase de développement, je n'ai pas traité non plus des complications qui adviennent, lorsque l'enfant suite à la déception éprouvée auprès du père, revient au lien à la mère, laissé inoccupé, ou bien désormais passe au cours de l'existence de façon répétée successivement d'une position à l'autre. Mais précisément parce que mon travail n'est qu'une contribution parmi d'autres, je peux m'épargner d'apprécier en détail la littérature existante et puis me limiter à souligner les points de convergence relativement significatifs avec certains de ces travaux, et les divergences d'assez grande importance avec d'autres.

On aimerait voir figurer dans la description, à vrai dire jusqu'ici encore inégalée, faite par Abraham des « manifestations du complexe de castration féminin » (1921), le facteur du lien initialement exclusif à la mère. Je ne puis que souscrire sur ses points essentiels à l'important travail de Jeanne Lampl de Groot[28] (1927). L'identité complète de la phase préœdipienne chez les garçons et les filles y est reconnue, l'activité sexuelle (phallique) de la fille à l'encontre de la mère y est affirmée et démontrée par des observations. Le fait que l'enfant se détourne de la mère est ramené à l'influence de la castration dont l'enfant a pris connaissance et qui l'oblige à abandonner l'objet sexuel et avec lui, souvent aussi l'onanisme, une formule est forgée qui désigne le développement dans son ensemble, selon laquelle la fille passe par une phase de complexe d'Œdipe « négatif », avant de pouvoir entrer dans le complexe positif. Une insuffisance de ce travail réside pour moi dans ce qu'il présente le fait de se détourner de la mère comme un simple changement d'objet et néglige qu'il s'accomplit avec les signes d'hostilité les plus manifestes. Cette hostilité est appréciée à sa pleine mesure dans le dernier travail d'Hélène Deutsch (1930) où sont aussi reconnues l'activité phallique de la fille et l'intensité de son lien à la mère. H. Deutsch indique également que le fait de se tourner vers le père se produit par la voie des tendances passives (déjà mises en mouvement auprès de la mère). Dans son ouvrage publié antérieurement (1925), *Psychanalyse des fonctions sexuelles féminines* l'auteur ne s'était pas encore affranchie de l'application du schéma œdipien également à la phase préœdipienne et c'est pourquoi elle avait interprété l'activité phallique de la fille comme identification avec le père.

Fenichel (1930) souligne à juste titre la difficulté de reconnaître ce qui, dans le matériel recueilli dans l'analyse, est le contenu non modifié de la phase préœdipienne et ce qui a été déformé par la régression (ou autrement). Il ne reconnaît[29] pas l'activité phallique de la fille comme le fait Jeanne Lampl de Groot et proteste aussi contre le « pré-report »[30] du complexe d'Œdipe effectué par Mélanie Klein (1928) dont elle déplace le commencement dès le début de la deuxième année. Cette datation qui modifie nécessairement aussi la conception de toutes les autres circonstances du développement, ne coïncide pas en fait avec les résultats de l'analyse des adultes et est particulièrement inconciliable avec les résultats de mes recherches sur la longue durée du lien préœdipien à la mère chez la fille. Une piste pour atténuer cette contradiction, consistera à remarquer que nous ne sommes pas encore capables de distinguer dans ce domaine ce qui est déterminé de façon rigide par des lois biologiques et ce qui est susceptible de bouger et de varier sous l'influence des contingences existentielles. Comme cela est depuis longtemps connu pour les effets de la séduction, d'autres facteurs, le moment de la naissance de frères et sœurs, le moment de la découverte de la différence des sexes, l'observation directe du rapport sexuel, le comportement engageant[31] ou bien rejetant des parents entre autres, peuvent aussi conduire à une accélération et une maturation du développement sexuel de l'enfant.

Chez de nombreux auteurs se manifeste une tendance à minimiser l'importance des premières motions libidinales de l'enfant, les plus originelles, au profit de processus de développement ultérieurs, de telle sorte que ces derniers n'ont plus pour seul rôle, à l'extrême, que d'indiquer certaines orientations tandis que les intensités qui s'engagent dans ces voies sont supportées par des régressions et des formations réactionnelles ultérieures. Ainsi par exemple quand Karen Horney (1926) est d'avis que nous surestimons largement l'envie primaire du pénis de la fille tandis que l'intensité de la tendance masculine qui se déploie ultérieurement doit être mise sur le compte d'une envie secondaire du pénis qui est utilisée pour se défendre des motions féminines, et spécialement du lien féminin au père. Cela ne correspond pas à mes impressions. Pour certain que soit le fait des renforcements ultérieurs par régression et formation réactionnelle, pour difficile qu'il puisse être, de procéder à une estimation relative des composantes libidinales confluentes, je pense cependant que nous ne devons pas méconnaître que ces premières motions libidinales ont en propre une intensité qui reste supérieure à celle de toutes les motions ultérieures et que l'on est autorisé à qualifier d'incommensurable. Il est assurément exact qu'il existe un antagonisme entre le lien au père et le complexe de masculinité, c'est l'opposition commune entre activité et passivité, masculinité et féminité, mais cela ne nous donne nullement le droit de supposer que seule l'une est primaire et que l'autre ne doit sa force qu'à la défense. Et si la défense contre la féminité se fait si énergique, d'où peut-elle tirer sa force si ce n'est de la tendance masculine, qui a trouvé sa première expression dans l'envie du pénis manifestée par l'enfant et mérite pour cette raison de lui donner son nom en référence.

Semblable objection peut être faite à l'encontre de la conception de Jones (1928) selon laquelle le stade phallique chez la fille doit plutôt être une réaction de protection secondaire qu'un véritable stade de développement. Cela ne correspond ni aux conditions dynamiques ni aux conditions temporelles.

Notes

1. En allemand « Strebungen ». Ce terme, dérivé du verbe « streben nach » (tendre à, chercher à atteindre), suppose un objet ou un but à atteindre.

2. En allemand « sich losmachen ». On notera la présence de la particule verbale « los » qui indique la séparation, le détachement et fait écho au « los » du « penislos » : l'absence de pénis, « manque caractéristique » de la femme qui se trouve placée sous le signe du moins.

3. En allemand « Die Aufgabe ». L'assimilation de cette tâche à un renoncement se voit redoublée sur le plan lexical par la proximité entre les deux termes (Die Aufgabe = la tâche/aufgeben = renoncer) construits sur la même composition.

4. Freud emploie tout au long du texte le terme de « Weib » du genre neutre (das Weib) et n'utilise jamais le mot de « Frau », féminin, signifiant pourtant aussi « la femme ». Les deux termes ne sont pas exactement équivalents. À l'origine, « Weib » désignait la femme comme être sexué par opposition à l'homme, tandis que « Frau » était le terme réservé pour désigner une femme (Weib) mais de haut rang, une noble dame. Le choix du terme le plus adapté a d'ailleurs donné lieu à une « querelle » entre les troubadours qui chantaient l'amour courtois. On peut citer notamment le poème de Walter von der Vogelweide (début du XIIIe siècle) qui défend l'usage de « frowe » (Frau) qu'il préfère au terme de « Weib », ressenti comme plus vulgaire. Les connotations positives attachées au terme de « Frau » ont par effet de contraste progressivement modifié

le sens de « Weib » qui a pris une connotation péjorative, plus ou moins marquée. Toutefois, l'usage de « Weib » s'est maintenu, par exemple dans la Bible, et sous sa forme adjectivale « weiblich » (féminin) il n'a rien de péjoratif. Dans l'usage moderne, le terme de « Weib » est employé sans connotation péjorative dans des expressions du type « ein Prachtweib » (une belle femme) qui réfèrent à la corporéité de la femme. Cette association de la femme à la matière fut notamment théorisée par Weininger (1880-1903) pour qui la femme ne peut être que « Weib », c'est-à-dire un être enfermé dans la corporéité car dépendant de ses pulsions sexuelles et voué à la fonction de procréation. Interpréter catégoriquement le choix de Freud de privilégier le terme de « Weib » à la lumière de ces éléments reste toutefois une entreprise incertaine. On pourra citer, pour élargir le spectre des interprétations, Janine Altounian qui relève à juste titre « la différence de posture entre le chercheur et l'épistolier, le théoricien qui écrit sur la femme et l'homme qui écrit à une femme », manifeste dans « l'emploi différentiel de "Weib" dans le texte théorique, et de "Frau", dans la remarque adressée à la bien-aimée » (Janine Altounian, *L'écriture de Freud*, Paris, PUF, 2003, coll. « Bibliothèque de psychanalyse », p. 177.) Au-delà, cette richesse lexicale pour désigner la femme (die Frau das Weib), par opposition au vocabulaire plus restreint pour qualifier l'homme, lequel n'est que masculin (der Mann), soulignerait le fait que la femme n'est justement pas limitée à la catégorisation en genre.

5. En allemand « steckenbleiben ». Ce terme indique très nettement l'arrêt de la dynamique du mouvement envisagé comme quelque chose de négatif, (rester bloquer, au

point mort, etc.) c'est pourquoi nous avons choisi le terme d'« enlisé », certes assez fort, plutôt que le plus neutre « restent prises ».

6. En allemand « Vorzeit ». Ce terme indique dans son usage habituel un passé très lointain, il est employé pour désigner la préhistoire. Par l'emploi de ce terme, Freud confère au développement psychique humain la linéarité du déroulement de l'histoire, en conformité avec la conviction formulée par Haeckel selon laquelle l'ontogenèse récapitule la phylogenèse. Que cette phase préœdipienne soit qualifiée de « Vorzeit », période certes antérieure mais d'une antériorité première, où l'on ne peut s'appuyer sur aucune « histoire » pour reconstruire ce qui s'est passé, suggère bien la difficulté particulière qu'il y aura à pénétrer cette « nuit des temps » de l'âme humaine.

7. Maintenir pour se tenir, pourrait-on ajouter. Le verbe (festhalten) appelle en écho sa forme pronominale (sich festhalten) et évoque l'idée d'un attachement positif, une sorte d'appui qui permet de ne pas tomber.

8. (Note de Freud.) Dans le cas bien connu évoqué par Ruth Mack Brunswick (« L'analyse d'un délire de jalousie », « Die Analyse eines Eifersuchtswahnes », *Internationale Zeitschrift fur Psychoanalyse*, XIV, 1928). L'affection provient directement de la fixation préœdipienne (à la sœur).

9. En allemand « Objektfindung ». La suffixation en -ung, procédé de formation de mot très productif en allemand, sert à former à partir de bases verbales des dérivés désignant une action ou un état. Il semble ici que les deux aspects, action et état, soient présents, sans qu'il soit

possible de déterminer avec certitude lequel prédomine. En effet l'« Objektfindung » désigne à la fois la découverte de l'objet, mais aussi l'action qui mène à cette découverte. Freud évoque donc à la fois le résultat, l'aspect terminatif, et la recherche, l'aspect processuel. S'il avait voulu lever l'ambigüité, il aurait pu opter, au lieu du terme de « Findung » peu courant, pour une autre formulation. Ce terme de « Findung » implique également l'idée que ce que l'on trouve ne relève pas du pur hasard, n'est pas une découverte fortuite mais correspond à quelque chose de défini ou ayant des contours déjà établis, comme si l'on connaissait déjà l'objet et qu'il s'agissait bien plutôt de le retrouver. Le terme de « Findung » est également utilisé pour désigner un processus qui mène à une connaissance, par exemple en médecine, ou bien dans le judaïsme dans les recueils de « Responsa » qui servent à définir et à établir la Halakha.

10. Freud utilise le verbe de modalité « sollen », qui indique une obligation et qu'on utilise par exemple pour exprimer l'injonction des dix Commandements et signale ainsi une « règle » dans le développement « normal » de l'individu.

11. On peut se demander pourquoi Freud n'utilise pas le terme courant de « Unterschied » mais lui préfère celui, plus rare, de « Differenz ». Ce dernier est le plus souvent employé en philosophie où il a pendant longtemps coexisté avec « Unterschied » ou « Verschiedenheit » avant d'être opposé au terme d'« identité », par exemple dans la pensée d'Heidegger où cette notion prend un nouveau relief. Le terme de « Differenz » désigne la différence entendue comme le fait d'être autre au sens d'altérité, mais une alté-

rité qui ne se définit pas par la négative. À noter également que l'allemand utilise le terme de « Differenz » pour désigner les divergences au sens de conflit entre individus.

12. Le terme allemand de « schicksalhaft » signifie « fatal » au sens de ce qui ne peut manquer d'arriver, ce à quoi on ne peut échapper et qui est donc inscrit dans le destin (Schicksal). Il prend aussi une connotation plus sombre pour indiquer qu'il s'agit d'un destin malheureux, au sens donc de « funeste, lourd de conséquences ». Sans aller jusqu'à cette connotation négative, Freud insiste sur l'importance et la prégnance de cette relation.

13. En allemand « anerkennen ». La particule verbale « an » indique l'aspect intensif (anerkennen : reconnaître la valeur) par rapport au simple « erkennen » (reconnaître au sens de « prendre acte de »).

14. En allemand « das kleine Weib », littéralement « la petite femme ». Il ne nous semble pas que Freud souhaite ainsi ramener avec insistance l'enfant fille à la femme, comme une sorte de « femme en modèle réduit ». S'il s'exprime ainsi, c'est tout simplement qu'il n'existe pas en allemand de terme particulier pour dire « la fillette », ce qui n'est pas le cas pour son homologue masculin, comme on le constate dans la suite de la phrase où est évoqué le « petit garçon » (« der Knabe »).

15. En allemand « wird unzufrieden » (devient mécontente/ insatisfaite). La tournure avec le verbe « werden » (devenir) insiste sur l'aspect mutatif du procès et laisse entrevoir un avant où la fillette se satisfaisait de son état.

16. (Note de Freud.) On peut prévoir que les féministes parmi les hommes, mais aussi nos analystes femmes

ne seront pas d'accord avec ce qui est exposé ici. Ils ne devraient guère se retenir d'objecter que de telles théories proviennent du « complexe de masculinité » de l'homme et qu'elles doivent servir à fournir une justification théorique à sa tendance innée à déprécier et opprimer la femme. Mais une telle argumentation psychanalytique rappelle dans ce cas, comme si souvent, la célèbre « arme à double tranchant » de Dostoïevski. Les adversaires, pour leur part, trouveront compréhensible que le sexe féminin ne veuille pas accepter ce qui semble contredire la parité ardemment convoitée avec l'homme. L'utilisation agonistique de l'analyse ne conduit visiblement pas à décider de cette question.

17. Cette transcription (Überschreibung : écrire par-dessus) implique un effacement de l'existant qui se voit remplacé.

18. En allemand « Weibtum ». La suffixation en -tum utilisée pour former un dérivé de base nominale, par opposition à une suffixation concurrente en -sein par exemple (das Weibsein) qui insiste sur l'aspect actif, désigne ici la qualité de femme envisagée comme un état, une donnée relevant du fini et non comme une construction ou un processus.

19. En allemand « malos ». Ce terme est généralement traduit par « démesuré ». Or Freud ne signifie pas ici que l'amour enfantin est excessif, mais bien plutôt qu'il ne connaît pas de limites sans préjuger d'une « norme » en la matière.

20. En allemand « das Ausbleiben ». Le préverbe aspectuel égressif/terminatif « aus » avec « disparition du sujet » indique un mouvement ou une évolution suspendus, inachevés qui ne vont pas jusqu'à leur terme. L'événement

attendu et qui devait arriver n'a pas lieu. Cette absence est donc plutôt de l'ordre de la défection.

21. Ce néologisme de Freud, l'adjectif « penislos » formé à l'aide du suffixe privatif « los » signale très explicitement l'absence de pénis comme un manque, un moins. En effet, pour traduire le « sans », outre la préposition « ohne », il existe deux possibilités de formation de l'adjectif par dérivation, par ajout des suffixoïdes « los » ou bien « frei » (ex: koffeinfrei: sans caféine). Les deux expriment la privation à la différence près toutefois que « frei » présente l'absence ou le manque en question plutôt comme un bienfait, ou tout au moins comme quelque chose de positif.

22. En allemand « Defekt ». Cette déficience se caractérise non pas par la simple insuffisance mais par un véritable manque, une carence, un trou comme on dit par exemple qu'il y a un trou dans la caisse, et l'allemand emploiera alors le terme « Defekt » (« die Kasse weist einen Defekt von… »). À noter que dans le langage médical, « Defekt » se traduit par « malformation ».

23. En allemand « Bewältigungsarbeit ». Ce terme où l'on retrouve la racine -walt, présente notamment dans « Gewalt » (violence), sous-entend que le processus de maîtrise de l'objet se révèle particulièrement difficile, plus ardu mais aussi qu'il se rapporte à une activité ou un objet plutôt déplaisant dont il faut venir à bout, qu'il faut surmonter et dépasser.

24. En allemand « hilflos ». Cet adjectif est formé par dérivation, par ajout du suffixoïde privatif -los, procédé de formation tout à fait courant et qui indique l'absence d'aide, (traduit littéralement « sans aide », « qui ne

sait / peut s'aider »). Il décrit l'état de désarroi lié à une situation de dépendance, l'impuissance dans laquelle on se trouve face à quelqu'un ou quelque chose que l'on ne maîtrise pas et qui apparaît comme supérieur. L'exemple paradigmatique de cet état est celui du nourrisson qui, du fait de sa « minorité », se trouve « livré » au bon vouloir de ces instances supérieures que sont les parents et plus généralement au monde environnant.

25. En allemand « ausbleiben », *cf.* note 20.

26. En allemand « erfüllt es sich diese Wünsche… ». Cette construction réflexive plutôt inhabituelle avec l'ajout du pronom réfléchi « sich », stylistiquement maladroit, (mot à mot : elle se réalise ces souhaits) marque la volonté de Freud de bien spécifier le caractère autocentré de cette activité de la fillette.

27. En allemand « die Agressionslust ». Le mot « Lust » désigne à la fois le plaisir éprouvé et l'envie, le désir.

28. (Note de Freud.) Selon le vœu de l'auteur, je corrige ainsi son nom indiqué dans la revue (Zeitschrift…) sous la forme A. L. de Gr.

29. *Cf.* note 5, partie 2.

30. En allemand « Vorverlegung », mot composé à partir de « verlegen » (déplacer) et « vor » (avant), désigne le fait de reporter à une période antérieure.

31. En allemand « werbend », participe employé comme adjectif du verbe « werben » qui signifie entre autres « faire la cour, briguer les faveurs, courtiser ». La dimension de séduction, même si elle n'est pas explicitement affirmée, se trouve ainsi quand même indirectement évoquée.

Glossaire

Activité/Passivité : Freud considère que le couple passivité/activité recouvre l'une des trois grandes oppositions qui dominent la vie psychique (les deux autres étant l'opposition moi/monde et celle plaisir/déplaisir).

Angoisse de castration : Confronté à la différence des sexes, la menace de castration prend tout son sens pour le garçon. Il développe une angoisse de castration qui le conduit à renoncer à ses amours œdipiennes.

Complexe de castration : Expression que Freud associe au complexe d'Œdipe et qui pour le garçon en marque la liquidation. Celui-ci redoutant la castration renonce à ses désirs œdipiens.

Pour la fille au contraire, le complexe de castration signe l'entrée dans l'Œdipe, il est marqué par l'envie du pénis.

Complexe d'Œdipe : L'expression « complexe d'Œdipe » désigne l'ensemble des désirs libidinaux et hostiles dont sont la mère et le père sont l'objet.

Freud en fait le fondement de la névrose. Il s'agit aussi de la base structurale de la psyché humaine.

Envie du pénis : Confrontée à la différence des sexes, la fille se sentirait immédiatement lésée en constatant que son sexe (le clitoris) ne souffre pas la comparaison avec ce qu'elle voit chez le garçon. La fille se vit alors comme « châtrée » et succombe à l'envie du pénis.

Sexualité infantile : Freud va mettre en évidence l'existence d'une sexualité infantile marquant différentes formes d'investissement libidinal. Les stades oral et anal prennent appui sur les fonctions d'autoconservation. Le stade phallique signe l'unification des pulsions partielles sous le primat des organes génitaux.

Stade phallique : Ce stade est dominé par la découverte des organes génitaux et de la masturbation. Il est vécu par l'enfant sous l'unique registre du phallique/châtré d'où son nom.

Masochisme : Freud distingue trois formes de masochisme : le masochisme érogène (liaison du plaisir à la douleur), le masochisme moral (sentiment de culpabilité relié à un besoin de punition) et le masochisme féminin.

Masochisme féminin : Freud associe masochisme érogène et masochisme féminin. Si ce dernier est l'expression de « l'être féminin », il est surtout repérable selon Freud dans les fantasmes des masochistes hommes.

Surmoi : Le surmoi constitue l'une des trois instances de la seconde topique (Moi, Ça, Surmoi). Il est « l'héritier » du complexe d'Œdipe et résulte des identifications aux parents. Selon Freud, la femme n'a pas de surmoi faute d'être confrontée à l'angoisse de castration.

FREUD À LA LETTRE
TEXTES FONDATEURS EXPLIQUÉS

Pour approfondir vos connaissances sur *De la sexualité féminine* découvrez :

Présenté et commenté par Nadine Proia-Lelouey
ISBN : 978-2-84835-290-9
15 € TTC – France

Les autres titres de la collection :

FREUD À LA LETTRE
TEXTES FONDATEURS EXPLIQUÉS

- Genèse et explication du texte
- Traduction intégrale et inédite
- Commentaire **paragraphe par paragraphe**
- Le concept dans l'œuvre de Freud
- Glossaire

Achevé d'imprimer par GPS - Avril 2017